AsombrosoS
ANIMALES
MIMÉTICOS

TEXTO
SANDIE SOWLER

FOTOGRAFÍAS
JERRY YOUNG

Bruño

ES UN LIBRO DORLING KINDERSLEY

Copyright © 1992 Dorling Kindersley Limited, Londres.
Copyright © 1994 Editorial Bruño, Maestro Alonso, 21. 28028 Madrid.

Selección y coordinación de textos: Helen Parker.
Diseñadora: Julia Harris.
Selección y coordinación de ilustraciones: Mark Regardsoe.

Ilustraciones: Ruth Lindsay y Jane Gedye.
Animales proporcionados por Trevor Smith's Animal World;
Clubb-Chipperfield y Dorking Aquatics.

Traducción: «Gramo».

Revisión científica: Ángel Moreno.

Coordinación editorial: Trini Marull.

ISBN 84-216-2269-2
Coordinadora de producción: Mar Morales.
Fotocomposición: Enrique Nieto & Asociados, S.A., Madrid.
Fotomecánica: Colourscan, Singapur.
Impreso en Italia por A. Mondadori Editore, Verona.

Contenido

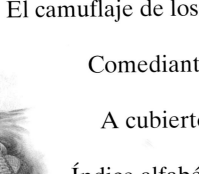

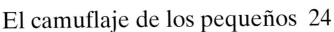

¿Por qué se camuflan?

Desde el momento en que una criatura nace, debe comer y evitar ser comida. Por ello, la mayoría de los animales utilizan alguna forma de disfraz o camuflaje para poder confundirse con el entorno.

Como piedras

Los pájaros ostreros anidan en las playas. Sus frágiles huevos moteados se confunden con los guijarros de su alrededor. Este artificio los protege durante las cuatro semanas de incubación.

¿Liso o estampado?

Las manchas, rayas y lunares logran que un animal «desaparezca» en su hábitat. La jineta, muy activa de noche, duerme durante el día. La pigmentación de su piel evita que se convierta en presa fácil.

Apéndices en forma de flor.

Esta mantis mide 3,5 cm.

Atracción fatal

El camuflaje es tan útil para los depredadores como para las presas. Esta joven mantis de Kenia se disfraza de flor. Los insectos, atraídos por su belleza, mueren atrapados entre sus patas, víctimas de su exuberante colorido.

Patas delanteras que atrapan a la víctima.

Difuminados

Un animal con los colores del medio en que habita es difícil de distinguir. Los zorros árticos son marrones en verano. A los que viven en lugares cubiertos de nieve les crece una capa de pelo blanco que los camufla durante la estación invernal.

Bicéfala

Esta mariposa de Malasia parece tener dos cabezas. El diseño de sus alas posteriores confunde a los pájaros, que no saben por dónde atacarla.

Rama saltarina

Algunos insectos sin capacidad defensiva imitan formas poco atractivas para confundir a sus atacantes. Este saltamontes tiene unas protuberancias parecidas a las insípidas ramitas del árbol en que vive.

¡Ándate con cuidado!

Los depredadores evitan atacar a animales venenosos. Este joven e inofensivo insecto andador, cuando se ve amenazado, adopta la postura de un escorpión dispuesto a asestar su picadura mortal.

Formas ocultas

Las llamativas rayas y manchas de la piel no sólo nos parecen bonitas, sino que son muy útiles para los animales. Ocultan su forma al crear zonas de colores que confunden al perplejo atacante.

Igualito que mamá

Las cebras nacen con la piel a rayas, lo que les permite pasar desapercibidas junto a sus madres en el conjunto rayado que forma la manada.

Vendaje rayado

Los lémures descansan durante el día en los árboles del bosque envueltos en su espesa cola blanca y negra. Las rayas de la cola esconden al animal tras un particular vendaje de luz y sombra en el claroscuro del follaje.

A salto de mata

Esta rana rayada vive entre las matas de hierba. Cuando es descubierta, huye dando unos saltos de hasta 4,5 m de longitud.

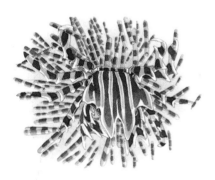

Como un faquir

El diseño rayado del cangrejo de Adán le permite vivir oculto sobre un lecho de erizos. Se sujeta a ellos mediante unos ganchos especiales que tiene al final de sus espinosas patas.

Ganador por puntos

Los gallos de Guinea normalmente prefieren correr, pero cuando son atacados vuelan hasta los árboles donde el moteado de su plumaje hace difícil percibirlos.

¡Vista y no vista!
El largo cuerpo de
la jirafa se oculta
bajo una piel con
manchas marrones,
claras y oscuras,
entre los árboles
de África.

Un traje de mil rayas
Las cebras viven en las llanuras africanas,
donde el león se halla siempre al
acecho. A plena luz, estos félidos
pueden tener dificultad en
distinguir a su presa debido
a las oscuras franjas que
disimulan su contorno.
Al amanecer y cuando
anochece, las rayas
parecen fundirse
con el paisaje.

*Esta cebra Chapman
mide 1,4 m de altura
hasta el lomo.*

11

Blanco, blanco

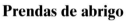

Los animales de piel oscura serían vistos con facilidad en la nieve. Por eso la piel de muchos de ellos es blanca. Algunos mantienen ese color durante todo el año. Otros cambian de tonalidad de acuerdo con la estación.

Las señoras primero

En primavera, la hembra de perdiz blanca cambia su plumaje al marrón moteado del verano, lo que le permite incubar tranquilamente camuflada. En cambio, el macho, al ser más tardío, es presa fácil de los cazadores.

Prendas de abrigo

El leopardo de las nieves, especie poco común en nuestros días, vive en las altas montañas del Himalaya, bien protegido por su preciosa piel, muy codiciada por los cazadores.

Pies como raquetas

La liebre de las nieves, completamente blanca, busca su alimento en el manto nevado. Para no hundirse, sus patas acaban en forma de raquetas almohadilladas.

¡Todos a comer!

En invierno, el conejo de Noruega vive bajo tierra para cobijarse del frío. Sólo sale para cazar. Su abrigo blanco le oculta de los animales que le acechan para comérselo.

«Renegado»

En invierno, algunos mustélidos, como el armiño, cambian el color de su pelo de pardo a blanco, excepto en la punta de la cola.

¡Camuflaje de narices!

Algunas personas dicen haber visto al oso polar taparse la nariz con una pata cuando caza, para ser completamente blanco. Sin embargo, nadie puede probarlo.

Este búho blanco mide 45 cm desde el pico hasta la cola.

El búho blanco

Esta magnífica ave vive en el Ártico. Sus espesas y suaves plumas blancas le mantienen caliente y le camuflan cuando sale en busca de conejos, liebres o peces para comer.

Criaturas de colores

Algunos animales poseen unas células especiales en su piel que les permiten cambiar de color, para así confundirse con el medio, variar su temperatura o mostrar algún tipo de emoción.

Día húmedo　　　　　　*Día seco*

La piel adquiere el aspecto de la roca.

Sapo bicolor

El sapo común vive en el suelo de los bosques. Normalmente su piel es de color tierra. Cuando llueve se oscurece hasta confundirse con el tono de la tierra mojada.

Jaque a la vista

El lenguado es un pez plano; vive en las profundidades y cambia de color a medida que lo hace el fondo del mar. Su habilidad es tal que sobre un tablero de ajedrez llegaría a confundirse con él.

Roca blanda

El pulpo puede cambiar el color y la textura de su piel. Cuando descansa sobre una roca, es capaz de adquirir incluso la rugosidad de la superficie sobre la que se apoya.

Transformista

Las jibias cambian de color con tanta rapidez que sus presas no son capaces de advertir que detrás de esas variaciones de forma y tonalidad se oculta su enemigo mortal.

Conjunto mortal

La araña cangrejo toma el color de la flor en la que se oculta. Su camuflaje es tan perfecto que los insectos acuden confiados a comer en la flor y son devorados por la araña.

¿De qué color me prefieres?

De todas las criaturas que cambian de color, el camaleón es el más hábil. Para camuflarse, su piel puede oscilar desde el color negro al marrón, pasando por el amarillo, el verde, el azul e incluso el rojo vivo. También varía de tonalidad con el calor, el frío, el miedo o el «amor».

Cuernos para luchar con machos rivales.

Este camaleón Jackson macho mide 30 cm.

El camaleón Jackson vive en los montañosos bosques de África Oriental.

Imitaciones

Muchos animales no son lo que parecen. Sus imitaciones les hacen pasar totalmente desapercibidos ante sus enemigos.

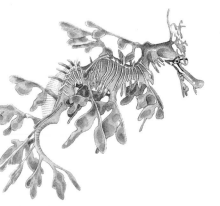

¡Ojo con las algas!
Este dragoncito con hojas es en realidad una especie de caballito de mar que toma la forma de un alga. A menudo se adhiere a la planta marina para completar su camuflaje.

La sabia oruga
¿Quién se atreve a comer un excremento de pájaro? Éste es el aspecto de la oruga de mariposa paje. Mientras permanezca inmóvil, ningún animal la incluirá en su menú.

Pájaro muñón
Esta ave, llamada vulgarmente «chotacabras», caza de noche y descansa de día posada rígidamente sobre el tocón de un árbol. Sus enemigos han de mirar con atención para poder verla.

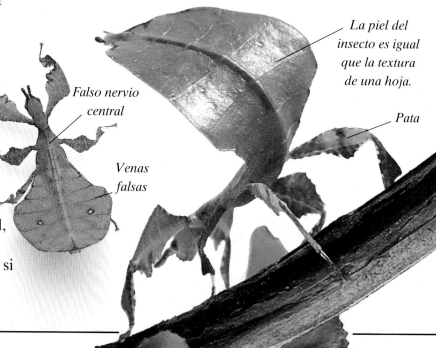

La piel del insecto es igual que la textura de una hoja.

Falso nervio central

Pata

Venas falsas

Hoja con patas
Este insecto de Java es una increíble imitación de una hoja real, con su nervio central, sus venillas e incluso manchas marrones, como si se estuviera secando.

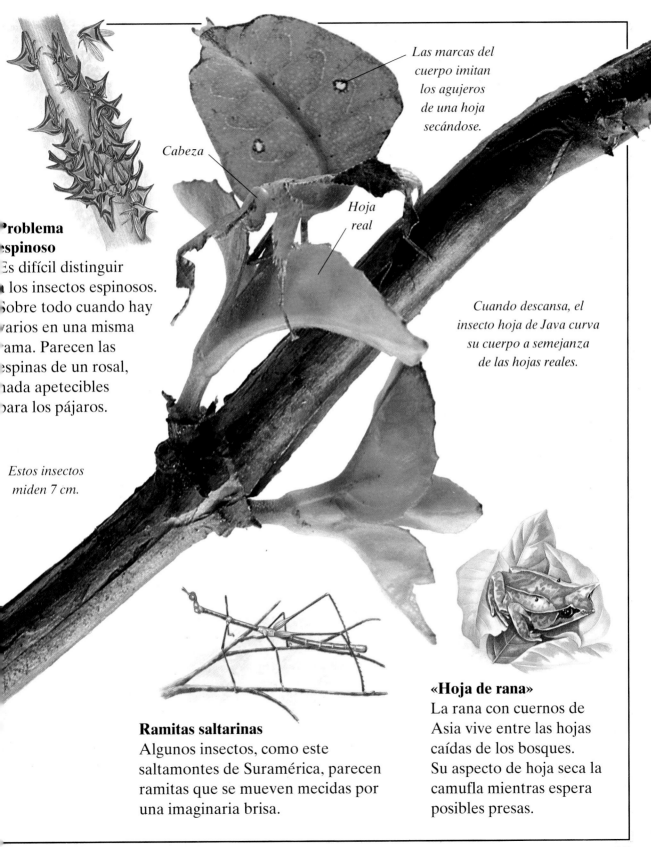

Las marcas del cuerpo imitan los agujeros de una hoja secándose.

Cabeza

Hoja real

Problema espinoso

Es difícil distinguir a los insectos espinosos. Sobre todo cuando hay varios en una misma rama. Parecen las espinas de un rosal, nada apetecibles para los pájaros.

Estos insectos miden 7 cm.

Cuando descansa, el insecto hoja de Java curva su cuerpo a semejanza de las hojas reales.

Ramitas saltarinas

Algunos insectos, como este saltamontes de Suramérica, parecen ramitas que se mueven mecidas por una imaginaria brisa.

«Hoja de rana»

La rana con cuernos de Asia vive entre las hojas caídas de los bosques. Su aspecto de hoja seca la camufla mientras espera posibles presas.

Mimetismo

Los animales aprenden a no enfrentarse con enemigos difíciles o venenosos. Muchos se mimetizan para protegerse, tomando la apariencia de otros más peligrosos.

Mejillas rosadas

La salamandra parda de las montañas, de color marrón deslucido, tiñe sus mejillas de rojo cuando atraviesa el territorio de su pariente, la salamandra de cara roja y de sabor repugnante.

«Hormigofobia»

Las hormigas pueden picar, morder y hasta escupir veneno, no siendo un bocado apreciado por muchos cazadores de insectos. Parte del cuerpo de este saltamontes se transforma e hormiga. El resto se confunde con las hojas del árbol en que viv

Patas delanteras a modo de antenas.

Hormiga saltarina

Esta araña saltarina se transforma en hormiga. Tiene el cuerpo estrecho como el de una hormiga, y junta sus dos patas sobrantes por delante de la cabeza, agitándolas a modo de antenas.

Amor que mata

Cuando una luciérnaga quiere aparearse, emite señales de luz que capta el macho de su misma especie. La hembra de un tipo especial de luciérnaga imita las señales de otras especies, y cuando el macho acude ilusionado a la cita, ¡se lo come!

Falsa alarma

Cualquier animal que haya recibido la picadura de una avispa aprende a evitarlas. Esta polilla de alas claras las imita, incluso reproduce su zumbido.

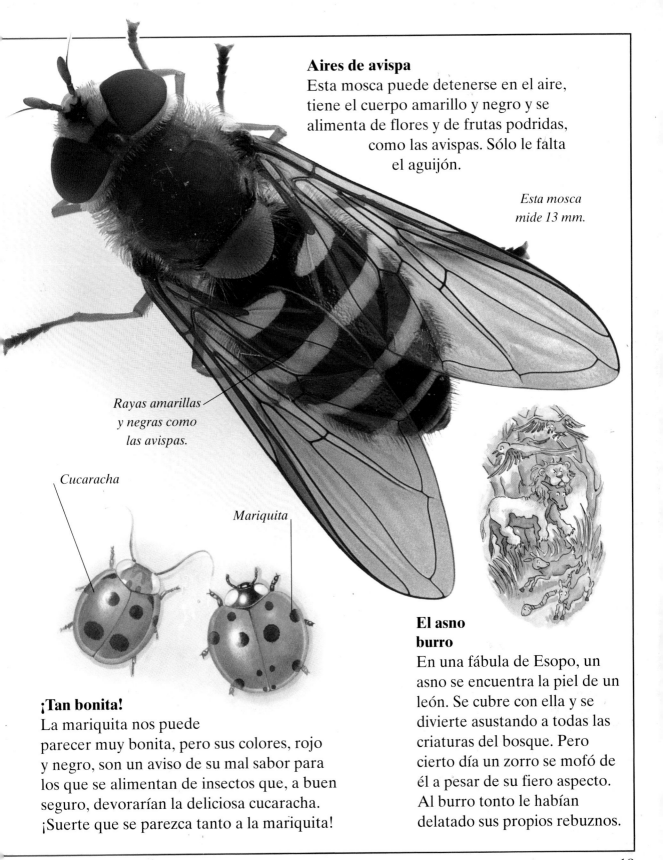

Aires de avispa

Esta mosca puede detenerse en el aire, tiene el cuerpo amarillo y negro y se alimenta de flores y de frutas podridas, como las avispas. Sólo le falta el aguijón.

Esta mosca mide 13 mm.

Rayas amarillas y negras como las avispas.

Cucaracha

Mariquita

¡Tan bonita!

La mariquita nos puede parecer muy bonita, pero sus colores, rojo y negro, son un aviso de su mal sabor para los que se alimentan de insectos que, a buen seguro, devorarían la deliciosa cucaracha. ¡Suerte que se parezca tanto a la mariquita!

El asno burro

En una fábula de Esopo, un asno se encuentra la piel de un león. Se cubre con ella y se divierte asustando a todas las criaturas del bosque. Pero cierto día un zorro se mofó de él a pesar de su fiero aspecto. Al burro tonto le habían delatado sus propios rebuznos.

Ojos disfrazados

Los ojos pueden delatar a un animal ante su enemigo. Diversas manchas y rayas en la cabeza le ayudan a ocultarlos. Algunos animales completan su disfraz con un par de «ojos falsos» en alguna otra zona del cuerpo.

Ojo falso

Ojos traseros
Las manchas en el cogote del mochuelo perlado hacen que parezca que siempre te está mirando.

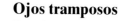

Ojos tramposos
Los falsos ojos en las alas de esta mariposa engañaron a su enemigo. La mariposa logró sobrevivir gracias al ataque errado de su depredador.

Ojos ocultos

Cuando la polilla de seda despliega sus alas posteriores para volar, aparecen dos grandes «ojos» que despistan a sus enemigos los pájaros.

Ojos de reclamo

El murciélago Wahlberg de la fruta, de anchas espaldas, descansa en los árboles. Para proteger sus ojos nocturnos de los ataques de algún vecino, muestra dos penachos blancos bajo las orejas que actúan de señuelo.

Ojos de reptil

La parte trasera de esta oruga de polilla que habita en Costa Rica tiene forma de cabeza de víbora, con dos grandes ojos aterradores capaces de ahuyentar a cualquier enemigo.

Ojos de repuesto

El pez mariposa cobrizo no sólo hace creer al enemigo que la cabeza está en su cola, también oculta sus ojos bajo unas oscuras bandas verticales. Probablemente, el ataque resultará fallido.

Este pez mariposa mide 7 cm.

Ojos que no ven...

La cobra expande su cuello cuando se defiende. Las manchas en forma de ojos de su parte trasera desconciertan al enemigo lo suficiente como para poder huir.

Cazadores ocultos

Los cazadores se camuflan para sorprender a sus víctimas sin ser vistos. Algunos se acercan sigilosamente. Otros, inmóviles, esperan a que la presa se aproxime.

Este tigre mide 2,7 m desde la cabeza hasta la punta de la cola.

¡Qué lata de cola!
Los leopardos descansan en los árboles durante el día, ocultos entre las ramas y las hojas. Sólo un pequeño fallo les delata: su larga cola.

A Dios rogando...
Confundida entre las hojas, esta mantis religiosa, inmóvil durante horas, puede capturar a la confiada presa en un abrir y cerrar de ojos.

Enredadera mortal
La culebra enredadera espera enrollada en las ramas de los árboles de la jungla, oculta entre la maleza, a que se acerquen sus víctimas.

La cola escoba

En la India se cuenta que los leopardos son tan astutos que barren sus propias huellas con la cola.

Sigilo asesino

El color marrón sucio del cocodrilo le permite nadar sigilosamente hasta su presa, atraparla y después arrastrarla bajo el agua hasta que la ahoga.

Cazador inmóvil

Cuando la garza se dispone a cazar, se queda quieta como una estatua en espera de que un pez se le acerque. Una vez a su alcance, lo atrapa de un rápido picotazo.

Elegancia al acecho

El majestuoso tigre se acerca hasta su víctima escondiéndose entre la hierba. De repente, se lanza sobre ella, dando un perfecto salto.

Cuando el tigre acecha a su presa, se mueve sigilosamente con las uñas recogidas, andando sobre las mullidas puntas de sus patas.

El camuflaje de los pequeños

Los animales jóvenes son débiles y no pueden defenderse. Para ellos, protegerse es vital. Algunos nacen ya con el camuflaje adulto. En cambio, otros presentan su propio disfraz, que llevarán hasta que crezcan.

El escondite

Los cachorros de león, a diferencia de sus padres, nacen con la piel moteada. Estas manchas se confunden con el claroscuro de sus cubiles bajo los árboles, y les protegen cuando la leona sale a cazar.

La casa blanca

Las crías de la foca común del Ártico, completamente blancas, permanecen ocultas entre el hielo mientras no saben nadar. Cuando aprenden, parte de su pelo se tiñe de gris. Al macho le salen manchas en forma de arpa a ambos lados del cuerpo.

Estos pollitos de faisán miden 6 cm.

¡Cuidado con la cabeza!

Los ciervos jóvenes, como éste de cola blanca, tienen manchas claras en la piel que les confunden entre las zonas de sol y sombra del bosque. Cuando crecen y aprenden a huir, el moteado desaparece.

Faisanitos de la tierra

Estos delicados pollitos de faisán nacen con las plumas de color tierra. Sólo tienen dos días y seguramente a los doce ya estarán volando.

Hojas con sorpresa

Al inmóvil estadio intermedio entre oruga y mariposa se le conoce como pupa o ninfa. Su camuflaje debe ser perfecto. Esta pupa del citrus de cola de milano parece una hoja del árbol al que se aferra.

El patito feo

Había una vez un patito gris que era el centro de todas las bromas por no ser amarillo y suave como los demás. Pero cuando creció y cambió su plumaje se convirtió en un bellísimo cisne blanco.

Cría del camarón mantis

Cría de percebe

Criaturas transparentes

Los percebes, cangrejos y otros muchos animales marinos recién nacidos son diminutos, transparentes y de formas muy caprichosas. Viven cerca de la superficie del mar, donde la luz del sol los hace invisibles.

Comediantes

Algunos animales pueden ser actores de excepción cuando se trata de obtener comida o de defender sus vidas y las de sus crías.

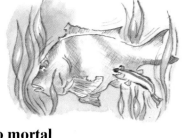

Más astuto que el zorro

Cuando está incubando o cuidando a sus pequeños y se ve amenazado por un cazador como el zorro, el chorlito actúa con rapidez. Moviéndose como si tuviese un ala rota, aleja del nido al zorro que sigue creyéndole una presa fácil. De repente, el chorlito alza el vuelo.

Aseo mortal

El pez barrendero limpia de parásitos los cuerpos de otros peces. La blenia, de dientes curvos, atrae a las presas imitando el zigzag característico del barrendero. Cuando se le acercan para el aseo, les «limpia» hasta los huesos.

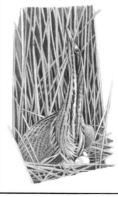

Cañas y barro

Cuando el avetoro barrunta peligro, estira el cuello y apunta la cabeza hacia el cielo, lo que le hace casi imposible de distinguir entre los cañizales del pantano. Si la brisa mece las cañas, él imita ese movimiento.

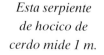

Esta serpiente de hocico de cerdo mide 1 m.

Vil engaño

La víbora de cabeza de cobre está completamente camuflada, a excepción de la punta de su cola, de color amarillo vivo. Para atrapar a las ranas la agita, y éstas, atraídas por lo que imaginan un sabroso bocado, van derechas a la muerte.

Acto I: ¡Sálvese quien pueda!

La zarigüeya es famosa por sus muertes fingidas. Aquí podéis ver a este marsupial americano perseguido por un perro. Como es natural, pronto le da alcance.

El «papel de cobarde»

Cada vez que esta cabra americana se ve amenazada, se desmaya unos instantes. Nadie sabe por qué. Afortunadamente, la gente la cuida como animal doméstico. De otra forma, esta pobre cabra sería incapaz de sobrevivir.

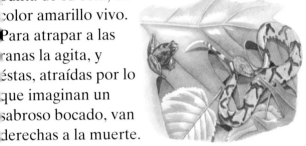

Acto II: Muerte súbita

¡No tiene escapatoria! La zarigüeya cae al suelo, gira panza arriba, rendida, con la boca entreabierta y la mirada fija y vidriosa. Parece muerta.

Muerte fingida

Como otros muchos animales, la serpiente de hocico de cerdo se hace la muerta, panza arriba y boquiabierta, cuando se ve en peligro. Esto la libra de morir a manos de los depredadores que prefieren matar para comer carne fresca.

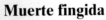

Acto III: Final feliz

El perro, al creerla muerta, ha perdido el deseo de comérsela. Da media vuelta y se marcha. Cuando el peligro ha pasado, la zarigüeya da un salto y huye.

A cubierto

Una forma de ocultarse de los depredadores es disfrazarse con «trajes de fantasía», usando palos, piedras, plantas y hasta otros animales para protegerse.

¡Sonría, por favor!
Lo único que podría delatar a este pez «astrónomo» cuando se entierra en la arena es su boca llena de dientes. Si otro pez se le acerca demasiado, está perdido.

Jardín ambulante
En los bosques de Nueva Guinea, algunas especies de gorgojos portan un diminuto jardín en sus espaldas que, como todos los demás, tiene sus propios habitantes.

Carretera y manta
Los grillos descansan de día y son activos de noche. Cada día el grillo sin alas construye un nuevo escondite. Corta un trozo de una hoja, con la que se cubre a modo de manta, y une sus bordes con hilos que fabrica con unas glándulas de su boca.

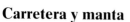
Hilos de seda

Traje de conchas
Los erizos de mar están bien protegidos por sus espinas, a pesar de lo cual son vulnerables. Algunos se cubren con trozos de conchas, piedras y algas que les ocultan de sus enemigos y del sol en aguas poco profundas.

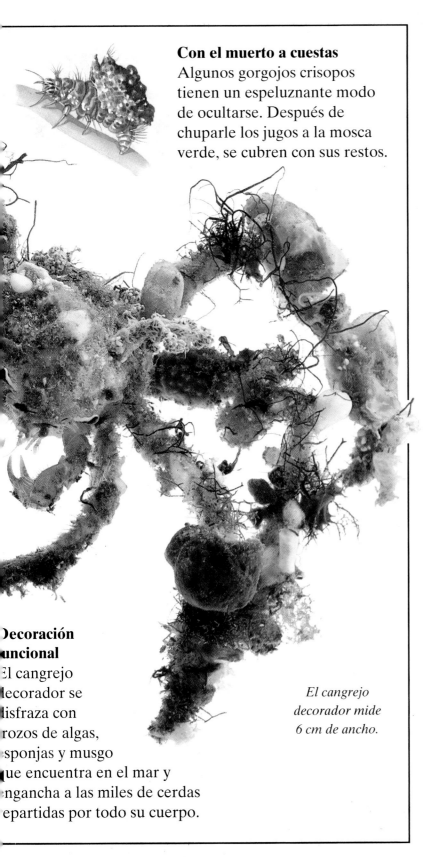

Con el muerto a cuestas

Algunos gorgojos crisopos tienen un espeluznante modo de ocultarse. Después de chuparle los jugos a la mosca verde, se cubren con sus restos.

El cangrejo decorador mide 6 cm de ancho.

Decoración funcional

El cangrejo decorador se disfraza con trozos de algas, esponjas y musgo que encuentra en el mar y engancha a las miles de cerdas repartidas por todo su cuerpo.